राजस्थान की लोककथाएं

शान्ति भट्टाचार्य

राजपाल

1912-2012
100 वर्षों की
श्रेष्ठ प्रकाशन परम्परा
राजपाल

₹ 70

ISBN : 978-81-7028-334-8

RAJASTHAN KI LOK KATHAYEN (Folk Tales)
by Shanti Bhattacharya
मुद्रक : के.एच.बी. ऑफसेट प्रोसेस, दिल्ली

राजपाल एण्ड सन्ज़

1590, मदरसा रोड, कश्मीरी गेट-दिल्ली-110006
फोन: 011-23869812, 23865483, फैक्स: 011-23867791
website : www.rajpalpublishing.com
e-mail : sales@rajpalpublishing.com

क्रम

बात का तीर

जोधपुर को जोधाणे भी कहते हैं। जोधाणे में एक से एक वीर पैदा हुए थे। बड़े-बड़े रण बांकुरों से मारवाड़ की यह धरती गौरवमय कहलाई है।

इसी जोधाणे में एक ठिकाणा था।

वह ठिकाणा भखरी कहलाता था। उस ठिकाणे में ठाकुर केसरीसिंह रहते थे। केसरीसिंह बड़े ही वीर, धीर और साहसी थे। गुणी और विद्वान थे। आन और बान पर मिटने वाले थे।

एक दफ़ा की बात है।

जोधपुर के राजा अभयसिंह थे। उन्होंने बीकानेर पर आक्रमण करने की सोची। इस विचार को उन्होंने पूरा किया। उनकी सेना ने बीकानेर के किले को घेर लिया। बड़ी विकट स्थिति थी। ऐसी स्थिति में महाराजा बीकानेर ने अपनी रक्षा करनी चाही। लेकिन जोधपुर की शक्ति के सामने वे दुर्बल थे।

तब बीकानेर नरेश ने दूसरे राजाओं की ओर देखा। दूसरे राजाओं में उनकी नज़र जयपुर नरेश की ओर गई। बीकानेर नरेश ने तुरन्त जयपुर नरेश के पास अपना सन्देश भेजा।

जयपुर नरेश ने बीकानेर नरेश को सहायता का वचन भेज दिया और अपनी सेना को जोधपुर की ओर कूच करने का आदेश भी दे दिया।

उस समय जयपुर की गद्दी पर महाबली राजा जयसिंह जी विराजमान थे। वे स्वयं ही जोधपुर की ओर रवाना हुए ताकि जोधपुर के आक्रमण को विफल बनाकर बीकानेर नरेश के सम्मान को बचाया जा सके।

जयपुर नरेश अपने साथ विशाल सेना लाए थे। उनके साथ तोपख़ाना भी था।

यह सब इतना अचानक और शीघ्रता से हुआ था कि जोधपुर नरेश सावधान ही नहीं हो सका। इधर जयपुर नरेश ने जोधपुर के किले को घेर लिया। उसके घेरते ही जोधपुर में हलचल मच गई। तुरन्त बीकानेर की ओर घुड़सवार भेजे गए, ताकि वे बीकानेर नरेश को सूचित कर सकें। घुड़सवार जितनी तेज़ी से भाग सकते थे, भागे। उन्होंने ही यह समाचार बीकानेर नरेश को दिया।

उत्तर में फिर नरेश अभयसिंह जी ने अपने दूत से पूछा, "यह सच है?"

"हां महाराज, जयपुरी सेना ने हमारे किले को घेर लिया है।"

"लेकिन ऐसी सूचना तो हमारे पास नहीं थी। यह सब एकाएक क्यों हुआ?"

दूत ने बताया, "यह सब बीकानेर नरेश की विनती पर हुआ। उन्होंने जयपुर से मदद मांगी थी।"

"यह तो बहुत ही बुरा हुआ।" अभयसिंह जी ने ज़रा घबराहट से कहा, "दूसरे के किले को फ़तह करने के चक्कर

में हम अपने किले से हाथ न धो बैठें।''

गर्दन झुकाकर दूत ने कहा, ''संभावना तो ऐसी ही है, महाराज। उनके पास सारे साधन हैं।''

जोधपुर नरेश ने फिर समय गंवाना ठीक नहीं समझा। उन्होंने तुरन्त अपने वीरों को बीकानेर छोड़ने का हुक्म दे दिया। घेरा उठा लिया गया। जोधपुर सेना ने वापस अपनी रियासत की ओर कूच कर दिया।

इस बीच जयपुरी सेना ने जोधपुर में मज़बूत किलेबंदी कर ली थी। ऐसी स्थिति हो गई थी कि जोधपुर की सेना स्वयं जोधपुर में नहीं घुस सकती थी।

लाचार जोधपुर नरेश ने संधि प्रस्ताव रखा। उन्होंने कुछ हर्जाना देकर नरेश से संधि कर ली और जयपुरी सेना ने जोधपुर छोड़ दिया।

जयपुर की सेना विजय के गीत गाती हुई लौटने लगी। रणभेरियां व तुरही की आवाज़ों से आकाश गूंजने लगे। नगाड़ों से कानों के परदे फटने लगे। सच तो था कि ऐसी जीत कितनी श्रेष्ठ होती है जिसको पाने के लिए न तो खून की एक बूंद बही और न तोप का एक गोला ही छूटा। न हाहाकार हुआ और न चीख़-पुकार। एक रक्तहीन विजय।

जयपुरी सेना जा रही थी।

विजय के गीत गाती हुई जा रही थी। हर ठिकाणेदार उनका स्वागत करता था।

उसी रास्ते में भखरी का ठिकाणा पड़ता था, जिसके ठाकुर केसरीसिंह जी थे साहसी और सच्चे।

उस ठिकाणे के पास जयसिंह जी की सेना ने पड़ाव डाला। रणभेरियां बजीं। नगाड़े बोले।

केसरीसिंह जी के कान खड़े हो गए। इतना पड़ाव उनके ठिकाणे के पास क्यों? वे स्वयं सेना की टोह लेने के लिए आए। वे समझें तो सही आख़िर यह सब माजरा क्या है? वे चुपचाप सेना के गड़े तम्बुओं के पास से चलते गए।

एक तम्बू में जयपुर के दो सैनिक बातचीत कर रहे थे। एक सैनिक घमण्ड से सीना फुलाकर कह रहा था, ''काई छै महाराज, मारवाड़ जित्ता कायर लोग कहीं भी नहीं देखे। हमने ना तो किसी का सिर उतारा और न तोप का गोला छोड़ा, और विजय पा ली।''

दूसरे ने उसी स्वर में कहा, ''जैसी तोपें भरकर लाए थे, वैसी ही भरी हुई तोपें वापस ले जा रहे थे।''

ठाकुर ने सोचा–सारे जोधपुर रियासत का अपमान! उनकी आंखों में खून उतर आया। अपमान का घूंट पीकर रहना उन्होंने नहीं सीखा था। अपने प्राचीन शौर्य को याद किया। अपनी आजानुबांहों को देखा। मन-ही-मन सोचा कि इनकी तोपें ख़ाली होनी चाहिए।

वे पड़ाव में खड़े एक हाथी के पास गए।

वह हाथी जयपुर नरेश जयसिंह जी के देवता गोविंदराय जी का हाथी था। बहुत ही पूजनीय और पवित्र हाथी था। उस हाथी को ठाकुर सा खोलकर अपने किले में ले आए। उन्होंने अपने किले के सारे दरवाज़े बन्द कर लिए। अपने वीरों को सावधान कर दिया तथा जयसिंह जी को सन्देश भेजा कि वे अपना हाथी खोलकर ले आए हैं।

शीघ्र ही इसकी सूचना जयसिंह जी को मिली। उनका गुस्सा सातवें आसमान पर चढ़ गया। दांत पीसकर वे बोले, ''यह किसका साहस था?''

एक सेनानी ने बताया, "स्वयं ठाकुर सा आए थे। उन्होंने चुपचाप हाथी खोल लिया और चले गए।"

"सोए शेर को छेड़ा है?"

"लगता तो ऐसा ही है।"

"एक बार जाकर उन्हें कह दें कि वे हमारे हाथी को जैसे ले गए हैं, वैसे ही लौटा दें। ऐसी नादानी करना ठाकुर सा के लिए ठीक नहीं रहेगा।"

उनका यह सन्देश ठाकुर सा के पास पहुंचाया गया। ठाकुर सा ने अपनी बांकड़ली मूंछों पर ताव देकर कहा, "कौन-सा हाथी? हमने हाथी को अपने यहां बांध लिया है। भला उसे वापस कैसे किले में से निकाल सकते हैं?"

उन्हें काफी समझाया-बुझाया, पर केसरीसिंह ने उन्हें हाथी नहीं दिया।

आख़िर कोई उपाय न देखकर जयपुर नरेश जयसिंह जी ने किले की दीवारों को तोड़ने का हुक्म दे दिया।

वे कड़ककर बोले, "यदि हाथी नहीं दे रहे हैं तो किले की ईंट-से-ईंट बजाकर हाथी को प्राप्त किया जाए।"

बस, फिर क्या था! जयपुरी सेना किले की ओर बढ़ गई। उनकी बड़ी-बड़ी तोपें गड़गड़ाहट की आवाज़ के साथ दीवारों की ओर ले जाई जाने लगीं।

किला पत्थरों का बना था। उसकी दीवारें काफी मज़बूत और ऊंची थीं। वे साधारण हमले से नहीं तोड़ी जा सकीं। अन्त में धुआंधार तोपें दागी जाने लगीं। बड़ी कठिनता से किले की दीवारें टूट पाईं।

बस, फिर क्या था? ठाकुर केसरीसिंह जी लड़ते हुए किले के बाहर निकल पड़े। उनके मुट्ठी-भर सैनिक जयपुर की विशाल

सेना के सामने कुछ भी नहीं थे, फिर भी वे बड़ी ही वीरता से आख़िरी सांस तक लड़े। अन्त में ठाकुर स्वयं लड़ते-लड़ते वीरगति को प्राप्त हो गए। सारा ठिकाणा नष्ट हो गया।

जब महाराज अभयसिंह जी को यह समाचार मिला तो वे बोले, "इतनी बड़ी शक्ति से टकराकर ठाकुर सा ने कौन-सी बुद्धिमानी की? कहां जयपुर और कहां भखरी। पता नहीं, उन्हें क्या सूझा?"

इस पर चारण ने गर्व से कहा, "महाराज, ठाकुर ने अपने प्राणों की बाज़ी सिर्फ इसलिए लगाई कि मारवाड़ के वीरों की वीरता पर कलंक न लगे। उन्होंने तोपें ख़ाली करवा दीं।"

महाराज का सिर लज्जा से झुक गया।

एक से बढ़कर एक

एक शहर था।

उस शहर के आसपास एक धाड़ेती यानी डाकू रहता था। वह डाकू किसी का गला काटकर नहीं लूटता था, बल्कि वह अत्यंत ही चालाक था। चोरी के नये-नये तरीके अपनाता था।

एक बार वह भेष बदलकर एक सेठ के पास गया। उसने सेठ को कीमती हीरे दिखाए। उन हीरों को देखकर सेठ की आंखें फट गईं। उसने इतने कीमती और बड़े हीरे बहुत कम देखे थे।

लेकिन सेठ भी बड़ा पारखी था। उसने हीरों को उलट-पुलटकर देखा। ग़ौर से परखा। फिर उसने धाड़ेती से कहा, "ये हीरे नकली हैं।"

सुनते ही धाड़ेती नाराज़ होता हुआ बोला, "ये हीरे असली हैं। संसार में इससे कीमती हीरे आपको कहीं नहीं मिलेंगे। आपकी परख ग़लत है।"

सेठ नहीं माना। धाड़ेती भी नहीं माना। दोनों में थोड़ी देर में तनातनी हो गई।

सेठ ने ताव में आकर असली हीरे बता दिए। बस, फिर

क्या था? धाड़ेती ने तुरन्त ही उन असली हीरों को पार करने की योजना बना ली। पर सेठ भी कम चालाक नहीं था। उसने उन हीरों को वापस छुपा दिया और धाड़ेती को वहां से चलता किया।

दूसरे दिन धाड़ेती भेष बदलकर सेठ के पास पहुंचा। उसने आवाज़ बदलकर सेठ से कहा, "सेठजी, मैं आपको सावधान करने आया हूं।"

"किसलिए?"

"कि आपके हीरे कल चोरी चले गए हैं।"

"कैसे?"

"कल जो आपके पास आदमी आया था। वह तो मशहूर धाड़ेती फलांचन्द था।"

सेठजी का तो दम ही निकल गया। फिर भी अपने को संभालते हुए बोले, "ऐसा कैसे हो सकता है? मैंने अपने हीरों की पेटी को संभालकर रखा है।"

सेठ का इतना कहना था कि धाड़ेती ने सेठ को एक पेटी दिखाई। वह पेटी सेठ के हीरों की पेटी से बिलकुल मिलती-जुलती थी। उसे देखकर सेठ के तो होश ही गुम हो गए।

"यह ख़ाली पेटी मुझे धाड़ेती ने दी है और कहा है कि सेठ को बता देना।"

सेठ के शरीर से पसीना छूटने लगा। वह लपक कर भीतर गया। उसने तुरन्त अपने असली हीरों की पेटी को संभाला। संभालकर लाया और उसने धाड़ेती को बताया कि यह रही मेरी पेटी।

धाड़ेती ने उस पेटी को देखा और फिर अपनी पेटी को।

मन-ही-मन बोला कि कमाल है, ये दोनों आपस में कितनी मिलती हैं? इतना कहकर धाड़ेती ने अपनी जेब में से एक चूहा निकाला और उसे ऐसा उछाला कि सेठ चौंक पड़ा। पलक झपकते ही धाड़ेती ने वह हीरों की पेटी बदल दी। सेठ एक बार ठहर गया। फिर अपनी पेटी लेकर भीतर गया। वापस आकर बोला, "श्रीमान् जी, आपको ही धाड़ेती ने चकमा दे दिया है।"

धाड़ेती बड़बड़ाता चला गया।

अब वह बहुत ही प्रसन्न था। उसके पास लाखों रुपयों के हीरे थे।

वह उन हीरों को लेकर जौहरी के पास गया। उस जौहरी को वह सदा अपना माल बेचता था। जौहरी चोरी का माल समझकर ही उस धाड़ेती को रुपये का अधेला देता था। कभी-कभी रुपये की पावली भी दे देता था।

आज भी जौहरी ने ऐसा ही किया। यानी हीरों के बहुत कम दाम लगाए। धाड़ेती इस पर सौदा करने को राज़ी नहीं हुआ। जौहरी ने उसे बहुत ही ऊंचा-नीचा किया पर धाड़ेती नहीं माना।

वह वहां से चल पड़ा।

उसी शहर में उस दिन एक और डाकू आया हुआ था। उसको उन हीरों की सूचना मिली। वह अपने धंधे में इस धाड़ेती का भी बाप था यानी वह चोरी की कला में उससे भी दो कदम आगे था।

उसने किसी भी तरह इन हीरों को चुराने की ठानी। उसने तुरन्त ही इसके लिए लंगोट कस लिया। वह हीरे ज़रूर चुराएगा।

धाड़ेती भी कम होशियार न था।

उसने हीरों की सुरक्षा के लिए एक ठाकुर के डेरे में विश्राम किया। डेरा मज़बूत लाल पत्थरों का बना था। उसकी दीवारें ऊंची-ऊंची थीं। उसमें घुसना आसान नहीं था।

लेकिन डाकू का निश्चय दृढ़ था।

हीरे चुराने के लिए वह अपने घर से ठीक पौने बारह बजे निकला। उसने कुछ कीलें लीं और एक हथौड़ा लिया। कीलें बहुत मज़बूत और बड़ी-बड़ी थीं। पत्थर के जोड़ों में आसानी से गड़ जाती थीं।

थोड़ी देर में बारह बज गए। बारह के साथ जेल के घंटे ने टंकारें करनी शुरू कर दीं।

हर टंकार के साथ डाकू ने एक कील गाड़नी शुरू की। बारह टंकारों के साथ उसने सारी कीलें गाड़ दीं और वह उन पर चढ़कर डेरे में कूद गया।

धाड़ेती भी कम चतुर नहीं था। उसने हीरों की पेटी को अपने सिर के नीचे रखा था ताकि कोई भी उसे निकाल न सके।

डाकू ने सबसे पहले धाड़ेती के कमरे का पता लगाया। वह खिड़की की राह कमरे में घुसा। उसने विभिन्न तरह के चावल बिखराए। वे चावल अंधेरे में चमकते थे। उन चावलों से डाकू को यह मालूम हो गया कि धाड़ेती कैसे सोया हुआ है।

चन्द्रमा उग आया था। वह धीरे-धीरे आकाश की ओर बढ़ रहा था।

डाकू चन्द्रमा की चांदनी की प्रतीक्षा कर रहा था ताकि कमरे में उजाला हो जाए।

थोड़ी देर में चन्द्रमा खिड़की की ओर आ गया। डाकू ने उसके उजाले में हीरों की पेटी को देखा। पेटी को धाड़ेती ने अपनी गर्दन के नीचे दबा रखा था।

'बेटा बड़ा ही उस्ताद है,' डाकू मन-ही-मन बड़बड़ाया, 'लेकिन मैंने भी कच्ची गोलियां नहीं खेली हैं। अभी उसे चमत्कार बताता हूं।'

डाकू आहिस्ता-आहिस्ता धाड़ेती के पास गया। एक बार उसने फिर चारों ओर देखा। वहां गहरा सन्नाटा था। सिर्फ़ धाड़ेती की सांस घर्र-घर्र-घर्र-घर्र गूंज रही थी।

डाकू ने तुरन्त ही इधर-उधर देखा। उसे एक बड़ी ईंट दिखाई दी। ईंट पर उसने चादर लगा दी। वह धाड़ेती के पास आया।

उसने अपनी जेब में से तम्बाकू की डिबिया निकाल ली। उसमें से थोड़ा-सा तम्बाकू निकाल कर धाड़ेती की नाक के आगे रखा। धाड़ेती को छींक आई। छींक के साथ उसकी गर्दन उठी। डाकू ने लपककर पेटी निकाल ली और उसकी जगह वह ईंट लगा दी फिर वह पलक झपकते ही चम्पत हो गया।

सुबह जैसे ही धाड़ेती की आंख खुली वैसे ही उसने अपनी हीरों की पेटी को ग़ायब पाया। वह अपना सिर ठोंककर बैठ गया।

उधर जौहरी ने सोचा कि हीरे बड़े ही कीमती हैं। हज़ारों में लेकर लाखों में बेचे जा सकते हैं। इसलिए कुछ ऊंचा-नीचा करके धाड़ेती से सौदा कर ही लेना चाहिए। सो वह धाड़ेती के पास आया।

धाड़ेती मन मारे बैठा था।

जौहरी ने नमस्कार करके कहा, "वह हीरों की पेटी कहां है? मैं उसका और अधिक दाम दूंगा। दुबारा देखना चाहता हूं।"

धाड़ेती क्या जवाब देता?

उसने सोचा कि अगर सेठ को यह मालूम हो गया कि मेरे हीरे डाकू चुराकर ले गया तो मेरी बड़ी बेइज़्ज़ती होगी। इसलिए इज़्ज़त बचाने के लिए धाड़ेती बोला, "सेठजी, उन हीरों को मैंने बेच दिया है।"

"पर किस भाव?"

"जिस भाव लाया था, उसी भाव। न नफ़ा और न नुकसान।"

सेठ अपना मुंह लेकर चलता बना।

जीवनदायी कविता

किसी ज़माने में आर्यावर्त देश में एक राजा रहता था। राजा बहुत दयालु और विद्याप्रेमी था। उसके यहां विद्वानों का जमघट लगा रहता था। उसके दरबार में दूर-दूर के पंडित आते थे। अपनी योग्यता के अनुसार कविता सुनाते थे और पुरस्कार पाते थे। कभी-कभी अयोग्य लोग भी कविता करके लाते थे और कुछ-न-कुछ पाकर चले जाते थे।

उसके दरबार से कोई भी विद्वान ख़ाली हाथ नहीं लौटता था। इसलिए राजा राजाओं में महान विद्याप्रेमी कहलाता था।

उस राजा की नगरी के पास एक गांव था। उस गांव में एक अत्यन्त ही दरिद्र ब्राह्मण रहता था। उसकी पत्नी ने गुणी राजा की चर्चा सुनी। उसे किसी ने बताया कि उसके यहां से कोई भी ब्राह्मण, पंडित और विद्वान ख़ाली हाथ नहीं लौटता है। लाचार होकर एक दिन ब्राह्मण की पत्नी ने अपने पति से कहा, "अजी, आप सुनते हैं?"

"जी, बहरा नहीं हूं।"

"आप भी गुणी राजा के पास जाइए न! सुना है, उसके यहां सबको हाथ-के-हाथ उत्तर मिलता है। कोई निराश होकर

नहीं लौटता।''

''पर भागवान, वह राजा कविता का प्रेमी है। मैं ठहरा कविता का शत्रु।''

उसकी पत्नी ने उसे समझाया, ''अरे कविता करना सबसे आसान काम है।''

''तू तो पगली है। कविता वही कर सकता है, जिसकी ज़बान पर सरस्वती विराजती है।''

उसकी पत्नी नाराज़ होती हुई बोली, ''व्यर्थ का खोपड़ा चाटते हैं। जाइए, कोई तुकबंदी करके दरबार में पहुंचिए। कुछ तो मिलेगा ही जिससे दाल-रोटी का कुछ दिनों के लिए प्रबंध हो जाएगा।''

इस तरह उसकी पत्नी अपने पति से नित्य कहने लगी। पंडित उसे बार-बार समझाता कि यह काम आसान नहीं है। किन्तु नारी हठ नारी हठ ही होता है।

अन्त में पंडित जी को अपनी पत्नी से हार खानी पड़ी। वह बेचारा बिना कविता ही राजा के दरबार में जाने को तैयार हो गया।

उसकी पत्नी ने बाजरे की रोटी बनाकर एक अंगोछे में पंडित के लिए बांध दी।

ब्राह्मण चला। धर कूंचा, धर मंज़लां। वह चलता रहा, चलता रहा।

दोपहर हो गई।

धूप तेज़ थी। जितनी धूप तेज़ थी, उतनी ही पेट की भूख तेज़ थी।

वह एक तालाब के पास छाया देखकर बैठ गया। अपने कंधे पर लटके अंगोछे को खोला। उसमें से बाजरे की रोटी

निकाली। रोटी सूख गई थी। इसलिए वह पानी में भिगो-भिगोकर उसे खाने लगा।

इस बीच एक कौवा न जाने कहां से आ टपका। वह कौवा बार-बार पानी में अपनी चोंच भिगोता और रगड़ता था।

पंडित बेचारा कवि नहीं था फिर भी वह सारे रास्ते कुछ तुकबंदी करने की चेष्टा कर रहा था। लेकिन उसको कोई विषय ही नहीं मिल रहा था। कुछ दृश्य या घटना भी उसे नहीं दिखाई पड़ रही थी।

किन्तु उसने जैसे ही कौवे को चोंच रगड़ते देखा वैसे ही उसके विद्वान मन में पंक्तियां अनायास पैदा हो गईं। उसने तुरन्त ही तुकबंदी करने की चेष्टा की–

घिसता है फिर घिसता है, सम-सम गिराता पानी,
तेरे मन की बात कालिया सारी मैंने जानी।

ब्राह्मण ने मन-ही-मन कहा, 'वाह, यह तो कविता हो गई है। अच्छी-ख़ासी कविता।' ब्राह्मण गर्व से फूला नहीं समाया।

वह तैयार होकर राजा के दरबार में पहुंचा, उसने एक बार फिर अपनी कविता दोहराई। मन-ही-मन कहा कि क्या शानदार कविता है।

राजा ने उसे बुलाया।

पंडित ने अपनी तुकबंदी की प्रशंसा करके कहा, "राजन्, मैंने एक श्रेष्ठ रचना रची है। चाहें तो मैं आपको सुनाऊं?"

"अवश्य पंडित जी।"

पंडित ने खंखार कर कहा–

"घिसता है फिर घिसता है, सम-सम गिराता पानी,
तेरे मन की बात कालिया सारी मैंने जानी।"

राजा ने पंक्तियां सुनकर कहा, "विप्रवर, इन पंक्तियों में कौन-सी विशेषता है? ये तो अर्थहीन हैं। सिवाय तुकबंदी के कुछ भी नहीं है।"

इस पर पंडित ने बिगड़ते हुए कहा, "राजन्, हम जानते थे कि आप बड़े क़द्रदान हैं। पर मुझे निराशा ही हुई। मेरी कविता महान है कि नहीं, यह तो समय बताएगा।"

राजा ने सोचा कि पंडित जी नाराज़ न हो जाएं, इसलिए उन्हें कुछ रुपये देकर विदा किया। पंडित ने दक्षिणा लेकर राजा को आशीर्वाद दिया।

समय बीता। राजाओं के यहां तरह-तरह के षड्यंत्र होते रहते हैं। कभी राजा दुष्ट तो कभी राजा का मंत्री दुष्ट। कभी रानी की नीयत ख़राब तो कभी राजकुमार की। तो उसी राजा के मंत्री की नीयत खोटी हो गई। उसने सोचा कि मैं क्यों नहीं राजा को मारकर स्वयं राजा बन जाऊं। इसके लिए उसने तरह-तरह के उपाय किए पर वह सफल नहीं हो सका।

राजा ने अपनी सुरक्षा का सारा प्रबन्ध कर रखा था। मंत्री राजा को मारने की चाल पर चाल फेंक रहा था। पर उसकी हर चाल निष्फल हो रही थी।

आख़िर में मंत्री ने एक नया षड्यंत्र रचा।

एक दिन की बात है।

राजा बैठा था। उसका नाई सदा की तरह राजा की दाढ़ी बनाने आया। पर उस दिन नाई को क्या हुआ कि वह राजा की दाढ़ी नहीं बना पाया। उसका हाथ बार-बार कांप रहा था।

वह बार-बार सिल पर उस्तरे की धार कर रहा था। घिस-घिस की आवाज़ आ रही थी। उस घिस-घिस ने राजा को पंडित की पंक्तियों का स्मरण करा दिया।

राजा कह उठा–

"घिसता है फिर घिसता है, सम-सम गिराता पानी,
तेरे मन की बात कालिया सारी मैंने जानी।"

संयोग से उस नाई का रंग भी काला था। उसने जैसे ही इन पंक्तियों को सुना, वैसे ही वह पीपल के सूखे पत्ते की तरह कांपने लगा। वह पसीने से भीग गया। उसकी नज़रें झुक गईं।

राजा समझ गया कि कुछ गड़बड़ है आज। वह डांटते हुए बोला, "क्या बात है नाइड़ा? तू चुप क्यों है? यदि कोई भेद छुपाया तो ज़िन्दा गड़वा दूंगा"।

नाई ने समझा कि राजा मेरे मन की सारी बातें जान ही चुका है, इसलिए वह राजा के पांव पकड़कर बोला, "अन्नदाता! मुझे आप क्षमा करें, मेरा कोई कसूर नहीं है। वैसे तो आप मेरे मन की सारी बातें जान ही गए हैं, फिर भी यह नीच कालिया आपको सब कुछ बताएगा। मुझे दुष्ट मंत्री ने लालच देकर कहा है कि मैं आपकी हत्या कर दूं। मैं आज आपकी गर्दन पर उस्तरा चलाने वाला था। पर आप तो अन्तर्यामी हैं, सब कुछ पहले ही जान गए। पर अन्नदाता, मैं निरपराध हूं।"

राजा दुष्ट मंत्री की नीचता सुनकर आगबबूला हो गया। उसने तुरंत ही सेनापति को बुलाया और उससे कहा कि मंत्री को गिरफ़्तार करके लाया जाए।

मंत्री को राजा के सामने उपस्थित किया गया। मंत्री ने

अपना अपराध स्वीकार कर लिया।

राजा ने मंत्री को सूली पर चढ़ा दिया। अब राजा को पंडित का ध्यान आया। उसने तुरंत पालकी भेजकर पंडित को बुलवाया। राजसभा में उसका सत्कार किया और उसे बहुत सारा धन भी दिया।

ब्राह्मण अपनी पत्नी के साथ सुख से रहने लगा।

घणी गई थोड़ी रही....

बहुत पुरानी बात है। एक राजा था। वह कंजूस था। अपने ख़ज़ाने पर वह सांप बनकर बैठा था। उसका बेटा जवान हो गया था पर वह उसे ख़र्च के लिए पैसा नहीं देता था। उसकी बेटी भी जवान हो गई थी पर वह पैसों के ख़र्च के भय से उसकी शादी भी नहीं कर रहा था। इस तरह राजा भी बूढ़ा हो चला था।

एक दिन राजा के राज्य में कुछ नट आए। उन्होंने राजा के सामने प्रार्थना की कि वे अपना खेल दरबार में दिखाना चाहते हैं। राजा ने सोचा कि इन नटों को पैसे देने पड़ेंगे, सो उसने बहाना बनाया कि अभी उसे फुरसत नहीं है। नट बड़े ही निराश हुए। वे आकर नगर में ठहर गए।

काफी दिन बीत गए। नट-मंडली को अर्थ-संकट ने घेर लिया। लाचार वे एक बार फिर राजा के पास गए। राजा ने फिर बहाना किया, किंतु उस दिन दरबारियों ने प्रार्थना की, "महाराज, आपको तमाशा ज़रूर देखना होगा। आप पैसा नहीं देना चाहते तो न दीजिए। किंतु तमाशा ज़रूर देखिए। हम सारे लोग नट-मंडली को पैसा दे देंगे।"

राजा फोकट का तमाशा देखने को तैयार हो गया।

रात का समय था। बड़ी-बड़ी मशालों के उजाले में, उस

मंडली ने अपना खेल शुरू किया। दोनों ओर से दो बांसों से एक रस्सी बंधी थी। एक बहुत ही ऊंचे बांस पर एक पाया खड़ा था, उसे एक पुरुष ने अपने दांतों पर उठा रखा था। एक नटनी आग के भीतर से निकल रही थी। दरबार के लोग तालियां बजा रहे थे।

दरबारियों, राजा, राजकुमार, राजकुमारी के अलावा कुछ अन्य प्रतिष्ठित सज्जन भी वहां थे। उनमें एक साधु भी था। उसके पास एक कंबल था।

प्रमुख नट और नटी इतने विचित्र और दिल दहलाने वाले दृश्य प्रस्तुत कर रहे थे, किंतु राजा अपने मन को दाबे हुए बैठा था। वह जानता था कि यदि उसने कुछ भी कहा या उसके मुंह से 'वाह' भी निकली तो उसे नटों को कुछ-न-कुछ पुरस्कार देना पड़ेगा। उसके विपरीत दर्शक 'वाह-वाह' कर रहे थे।

रात बीत रही थी। लग रहा था कि दो घड़ी के बाद मुर्ग़ा बोल पड़ेगा।

नटी ने सोचा कि राजा की 'वाह-वाह' के बिना नट उदास न हो जाए। नट को साहस बंधाने के लिए नटी ने कहा–

"रात घड़ी भर रे गई, किस पिंजरे में आय,
कहे नटी सुण ओ पिया, मीठा ताल बजाय।"

नट ने समझ लिया कि नटी मुझे साहस बंधा रही है। इसलिए वह और अधिक सावधानी से अद्‌भुत नृत्य दिखाने लगा। एक पहर उसे भी ख़्याल आया कि कहीं नटी भी उदास न हो जाए। सो नट ने नटी से ऊंचे स्वर में कहा–

"घणी गई थोड़ी रयी, थोड़ी भी डूब जाय।
माखत नर सुण नायिका, ताल अंग नई लाय।"

नट ने नटी से कहा, "हे नटी, बहुत चली गई है और थोड़ी रह गई है, ऐसी स्थिति में किसी तरह की ताल भंग नहीं होनी चाहिए।"

सारी उपस्थित जनता 'वाह-वाह' करने लगी। लोगों ने अपनी औकात के अनुसार पुरस्कार दिए। उस साधु से भी नहीं रहा गया। उसने तो 'वाह-वाह' करके अपना कम्बल ही दे दिया।

तभी राजकुमार ने आगे बढ़कर नट को अपने गले का हार दे दिया। हार हीरों का बना था। राजा के हृदय पर बड़ा आघात लगा। मन-ही-मन रोया, 'हाय मेरी हीरे की अंगूठी।'

किंतु राजा के मन में यह प्रश्न भी उठा कि आख़िर इन तीनों ने किस बात पर इन नटों को पुरस्कार दिए हैं। तमाशा ख़त्म हो गया।

राजा यह प्रश्न लेकर बेचैन हो उठा। उसने तुरंत ही राजकुमार, राजकुमारी और साधु को अपने सामने बुलाया।

तीनों जने बड़े ही अदब से खड़े थे। राजा ने सबसे पहले साधु से पूछा, "साधु महाराज, आपने अपना कंबल नटों को क्यों दे दिया?"

साधु ने भगवान का नाम लेकर कहा, "राजन्, मैं संन्यासी हूं। जप-तप करना मेरा धर्म है। किंतु आपको देखकर मुझे सहसा लगा कि मैं क्यों नहीं ठाठ-बाट वाला जीवन जीऊं। मेरा मन भोग-विलास की ओर बढ़ गया। तभी इस नट ने कहा—घणी गई थोड़ी रही—मुझे लगा कि अब एक पांव कब्र में है, फिर यह लालसा क्यों? इसकी बात ने मुझे सत्य से परिचित करा दिया और मैंने प्रसन्न होकर अपना कंबल इसे

दे दिया।"

अब राजा ने राजकुमारी से भी यही सवाल किया। राजकुमारी बोली, "अन्नदाता, मैं जवान हो गई हूं। आप पैसा ख़र्च करने के भय से मेरा विवाह नहीं कर रहे हैं। मैंने लाख अपने को संभाला, पर मेरा मन फिसल गया। मैं मंत्री से प्रेम कर बैठी। हमने सोचा कि हम भाग चलें। किन्तु नट की इस बात ने मेरी आंखें खोल दीं—घणी गई थोड़ी रही। ....मैंने सोचा कि मेरा बाप बूढ़ा हो चला है, न जाने कब दम तोड़ दे। ऐसी स्थिति में बेचारे को यह कलंक देकर नहीं मारना चाहिए। मैंने भागने का विचार त्याग दिया। मैंने नटों को अपनी बहुमूल्य अंगूठी दे दी।"

अब राजा ने यही सवाल अपने पुत्र राजकुमार से किया। राजकुमार ने नीची गर्दन करके कहा, "अन्नदाता! मैं युवक हूं। आप मुझे एक भी पैसा नहीं देते। ऐसी स्थिति में मैं सुख से कैसे जीऊं? सो मैंने यह तय किया कि आपकी हत्या करके मैं इस राज्य का स्वामी बन जाऊं। पर इस नट ने मेरी आंखें खोल दीं। जब इसने कहा कि घणी गई थोड़ी रही, तब मैंने सोचा कि मेरा बाप बूढ़ा हो चला है। बूढ़ा बैल कितने दिन जीएगा। इसे मारकर मैं पाप का भागी क्यों बनूं? इस शुद्ध विचार के आते ही मैंने अपने गले के हार को इस नट को दे दिया।"

राजा यह सब सुनकर हैरान हो गया। कंजूस राजा बेचैनी से तड़पता रहा। वह बार-बार नट की पंक्तियों को याद करता रहा। उसे लग रहा था कि उसने कंजूसी करके अच्छा काम नहीं किया। यदि वे नट नहीं होते तो मेरा मुंह काला हो जाता, मेरा बेटा मुझे ही मार देता। राजा इसी उधेड़बुन

में रहा। अंत में उसने अपना इरादा बदला। उसने तुरंत पहरेदार को बुलाकर कहा, ''उस नट-मंडली को हमारे सामने हाज़िर करो।''

थोड़ी देर में नट-मंडली राजा के सामने थी। प्रमुख नट ने सिर झुकाकर पूछा, ''क्या हुक्म है अन्नदाता, कोई तमाशा दिखलाऊं।''

राजा से उन्हें बहुत धन मिला। उसी दिन से राजा ने कंजूसी भी छोड़ दी।

सल जी और मल जी

एक गांव था। उस गांव में दो भाई रहते थे। एक का नाम था सल जी और दूसरे का नाम था मल जी। दोनों भाइयों में अटूट प्रेम था। किंतु उन दोनों को रतौंधी का रोग था, रात होते ही उन्हें ज़रा भी दिखाई नहीं देता था। इस बात को छुपाने के लिए उन्होंने एक तरकीब भी खोज ली थी। वे रात के पहले ही सारे काम-धंधे ख़त्म कर लेते थे। फिर आराम से बैठकर गप्पें मारते थे।

एक दिन वे दोनों भाई अपनी ससुराल रवाना हुए। दोनों भाइयों का एक ही जगह विवाह हुआ था। दोनों ने सोचा कि दिन बीतने के पहले ही ससुराल पहुंच जाएंगे। इस कारण उन्होंने बैलगाड़ी को तेज़ चलाया। ससुराल की सरहद पर पहुंचकर उन्हें ध्यान आया कि ससुराल दिन में नहीं जाना चाहिए। इसलिए उन्होंने अपनी गाड़ी के बैल खोल दिए। दोनों जने एक पेड़ के नीचे बैठ गए। चिलम पीने लगे। दिन बीत गया। गप्पों में उन्हें यह भी ध्यान नहीं रहा कि रात को वे अपने बैल कैसे ढूंढेंगे? तब सल जी ने चिंतित होकर कहा, "भाई, अपने बैलों को तो ढूंढो। इस अंधेरे में हम उन्हें कैसे देख पाएंगे?"

मल जी भी आख़िर अपनी ससुराल आया था, उसने पगड़ी, बगलबंदी और धोती पहन रखी थी। मल जी ने सल जी से कहा, "हमें दिखाई तो देगा नहीं। क्यों नहीं हम इस पगड़ी को फैलाकर जाएं। इसके बीच जो भी अटकेगा, उसे हाथ लगाकर देखते जाएंगे। आख़िर में बैल मिल ही जाएंगे।"

सल जी ने फ़ौरन उत्तर दिया, "तरकीब तो बहुत चोखी है सा।"

बस दोनों भाइयों ने पगड़ी का एक-एक सिरा पकड़ लिया। पगड़ी सौ गज़ लंबी थी। अब वे जंगल की ओर बढ़ते गए। कभी पगड़ी पेड़ में अटक जाती और कभी किसी झाड़-झंखाड़ से। इस तरह काफ़ी रात बीत गई। बैल मिले नहीं। दोनों भाई बड़े दुःखी हुए। करें तो क्या करें?

अचानक उन्हें एक बटोही ने देख लिया। वह लपककर पास आया। तारों के उजास में उसने देखा कि वह उन्हें पहचान गया है। खुशी-भरे स्वर में बोला, "बहनोई सा, आप यहां कब पधारे और इस पगड़ी से यह क्या कर रहे हैं?"

दोनों भाइयों के मुंह उतर गए। सोचा कि अब की बार उनकी पोल खुली।

सल जी ने फिर से इस पोल पर खोल चढ़ाया। बोला, "सच कहूं सा, यह मल जी हर बात की हठ करता है। यह कह रहा है कि यह खेत अस्सी हाथ का है और मैं कह रहा हूं कि सौ हाथ का। बस, इसीलिए हमने सोचा कि क्यों न इसको माप करके सही स्थिति का पता लगा लें? मेरी पगड़ी सौ हाथ की है सा, सो नापने लग गए। आप ही फरमावो सा,

यह खेत कितने हाथ का है।''

उसके साले ने मुस्कराकर कहा, ''लगभग सौ हाथ का है।''

सल जी ने झट से कहा, ''मेरा अंदाज़ा ठीक निकला न? कोई बात नहीं। अब आप सा पधारकर हम लोगों के भूरे बैल ढूंढकर लाइए। हम तब तक तंबाकू पी लें।''

उसका साला थोड़ी देर में बैल ढूंढकर ले आया। उन दोनों की सवारी बड़ी धूम-धाम से ससुराल पहुंची। ससुराल में उनकी बड़ी आवभगत हुई। उन्हें अच्छी तरह बिठाकर जब उनका साला परोसी हुई थाली लेने गया तब सल जी ने मल जी से कहा, ''क्यों सा सल जी, हुशियारी रखना, कहीं पोल न खुल जाए।''

सल जी ने दोनों हाथ ऊंचे करके कहा, ''भगवान ही लाज रखेगा।''

साला दो थालियां रख गया। वह छाछ लेने के लिए गया ही था कि पीछे से गंडक (कुत्ता) आया। वह थाली में से रोटियां उठाकर चंपत हो गया। जाते समय पूंछ का फटकारा और मार गया। सल जी ने कहा, ''अरे मल जी, गंडक जी थाली में से रोटियां ले गए हैं। अब की बार ज़रा उसका ध्यान रखना।''

मल जी ने अपनी लकड़ी पास सरका ली।

इसी बीच उनकी साली ने सोचा कि मेरे बहनोई अंधेरे में बैठे हैं, क्यों न दीया जला दूं। वह दीया जला लाई। मल जी ने जैसे ही आहट सुनी वैसे ही कुत्ते के भरोसे साली की कमर में लकड़ी का वार कर दिया। साली चीख़ पड़ी, ''अरे मैं मर गई रे, मेरी कमर टूट गई रे।....''

उसका रोना सुनकर घरवाले भाग आए। साले ने आश्चर्य से पूछा, ''क्या बात है?''

सल जी ने तुरंत बात को संभाला, ''यह मल जी एकदम मूर्ख है। इसको कई बार समझा चुका हूं कि ससुराल में जब भोजन करते हैं तो साली के शरीर से सिर्फ लकड़ी का स्पर्श कराते हैं। पर यह बावला करारी चोट मार देता है। यह तो हम दस्तूर करते हैं।''

भोजन कर चुकने के बाद वे दोनों घर से बाहर निकले। दरवाज़ा छोटा था। मल जी आगे-आगे चल रहे थे। ज्यों ही दरवाज़े के पास गए त्यों ही चौखटे से सिर जा टकराया। मल जी सिर पकड़कर रोए, ''मर गया रे!''

साला भागकर आया। पूछा, ''क्या बात है सा?''

सल जी ने हंसकर कहा, ''बात कुछ नहीं है सा। कुछ जवानी की उम्र ही आदमी को अकडू-सा बना देती है। दरवाज़ा छोटा और अकड़ मोटी। सो माथा जा टकराया।''

''चोट तो नहीं आई सा?''

''ऐसी वैसी चोट तो हमारा यह मल जी कुछ नहीं समझता, बढ़ भाई मल जी!''

''आप बाहर वाली सालकी (एक तरह का कमरा) में पधारो सा। आपको वहीं पर सोना है।''

वे दोनों भगवान भरोसे सालकी की ओर निकले। रात काली और उन्हें रतौंधी का रोग। दाएं की जगह बाएं चल पड़े। सल जी एक गड्ढे में जा गिरे। सल जी गिरते ही चिल्लाए। साला फिर भागकर आया। देखा तो सल जी गड्ढे में तड़प रहे हैं। पूछा, ''आप गड्ढे में कैसे गिरे?''

''क्या बताऊं सा, सल जी हठ करने लगे कि गड्ढा दस

हाथ का है। मैंने कहा, पन्द्रह का। आप ही बतावो सा कितने हाथ का है।''

''बीस हाथ का।''

''अब आप ही इन्हें निकालिए सा और कमरे में पहुंचाइए।''

सल जी ने इस बार अपने साले का कंधा पकड़ लिया और मलजी ने सल जी का। दोनों अच्छी तरह सालकी में पहुंच गए। दोनों ने सोने से पहले ईश्वर को धन्यवाद दिया।

मूंछ-मूंछ का अंतर

एक ठाकुर था। ठाकुर आन और शान पर मर-मिटने वाला था। अपनी शान के लिए रुपये-पैसे पानी की तरह बहा देनेवाला था। लक्ष्मी वैसे ही चलायमान रहती है। आज इस घर में और कल उस घर में। कभी किसी को हंसाती है और कभी किसी को रुलाती है।

धीरे-धीरे वह ठाकुर के घर से चली गई। ठाकुर के घर पर भूख के बादल मंडराने लगे। घर में बाल-बच्चे ग़रीबी के दिन गुज़ारने लगे। एक दिन उसके घर में चूल्हा तक नहीं जला।

लाचार होकर ठाकुर शहर के सेठ के पास गया। सेठ ठाकुर से अच्छी तरह परिचित था। उसकी सच्चाई, आन और शान को जानता था।

सेठ ने हाथ जोड़कर कहा, "जै माता जी की, ठाकुर सा।"

"जै माता जी की सेठ सा।" कहकर ठाकुर उनकी दुकान के आगे खड़ा हो गया। सेठ ने तुरंत भांपा कि आज ठाकुर-सा की बोली में पहले जैसी कड़क नहीं है। बहुत ही ठंडापन है। सोच लिया कि अवश्य ही ठाकुर सा पर

बड़ा संकट आया है।

सेठ ने बड़ी विनम्रता से पूछा, "क्या बात है ठाकुर सा। आज मुंह उतरा हुआ क्यों है?"

"क्या बताऊं सेठ सा, दिन-दिन की बात है। किसी के दिन एक से नहीं होते।"

सेठ ने आदरपूर्वक कहा, "आपकी सात पीढ़ी से मैं परिचित हूं। आपके डेरे से मेरी हवेली का लेना-देना सात पीढ़ियों से चलता आया है। आप कृपा करके कुछ मुंह से फ़रमाओ। मैं अभी आपकी झोली में डालता हूं। किसी को कानोंकान ख़बर नहीं होगी। मैंने दिया और आपने लिया, बस।"

सेठ की बात सुनकर ठाकुर को काफी धैर्य मिला। किंतु ठाकुर भी बनिए के जन्मजात स्वभावों से परिचित था। वह जानता था कि जब तक बनिया का जी नहीं भरेगा तब तक वह एक फूटी कौड़ी भी निकालकर नहीं देगा।

ठाकुर ने आकाश की ओर देखकर कहा, "मेरे पास आपको गिरवी रखने के लिए कुछ नहीं है। गहने, सोना, चांदी, ज़मीन, डेरा, कुछ भी नहीं। यदि मेरे पास कुछ भी होता तो मैं आपके पास नहीं आता। खेती की ज़मीन गिरवी रख कर मैं अपनी नाक कटवाना नहीं चाहता। आप तो जानते हैं सेठजी, कि मैं अपनी आन के लिए प्राण दे सकता हूं। अब तो आप ही लाज रखिए।"

यह कैसे संभव हो कि बनिया कुछ गिरवी रखे बिना किसी को रकम निकालकर दे दे। वह भी इधर-उधर ताक-झांक करने लगा।

ठाकुर ने रुंधे स्वर में कहा, "सेठजी, अब तो आपको

ही मदद करनी पड़ेगी। कहीं बात बाहर निकल गई तो मेरी मूंछ का चावल चला जाएगा। सारी ठकुराई पर पानी फिर जाएगा।''

सेठ कुछ देर तक विचारता रहा।

बाद में बोला, ''अच्छा ठाकुर सा, आप मुझे अपनी मूंछ का एक बाल दे दीजिए।''

''मूंछ का बाल?'' ठाकुर सा एकदम चौंका। उसने बनिए की ओर देखा। बनिया मुस्कराता हुआ बोला, ''मैं भी व्यापार का नियम नहीं तोड़ सकता। आप तो जानते ही हैं कि मैं बिना जर-ज़मीन गिरवी रखे एक पाई भी नहीं देता।''

ठाकुर कुछ देर तक कानों को छूनेवाली अपनी बांकड़ली मूंछों पर हाथ फेरता रहा।

सेठ अपने काम में व्यस्त होता हुआ बोला, ''आप इस पर अच्छी तरह सोच लीजिए।''

मरता क्या नहीं करता!

ठाकुर ने अपनी मूंछ का एक बाल तोड़कर सेठ को दे दिया। सेठ ने उसे एक चांदी की डिबिया में बंद कर दिया। अपनी बही निकालकर लिखा कि मैंने ठाकुर की मूंछ के बाल के बदले एक हज़ार रुपये उधार दिए। ठाकुर का अंगूठा कराया और रुपये गिन दिए। ठाकुर बहुत ही उदास और टूटा हुआ-सा वहां से रवाना हुआ।

वहीं पर एक ग़रीब बनिया बैठा था। उसने सारी घटना को देखा। झट से अपने सोने के गहनों को छुपाकर बोला, ''सेठजी, मुझे भी कुछ रुपये चाहिए।''

''ज़रूर-ज़रूर।''

''पर आज मेरे पास गहने नहीं हैं।''

सेठ ने उससे पूछा, "फिर मैं अपने जी को किससे समझाऊंगा? मैं तो गिरवी रखे बिना एक पैसा भी नहीं दूंगा।"

बनिया तुरंत बोला, "अभी आपने ठाकुर सा को मूंछ के बाल के बदले एक हज़ार रुपये दिए। मैं आपको पचास बाल दूंगा और पांच सौ रुपया लूंगा।...."

सेठ उसे झिड़कते हुए बोला, "जा रे बनिए का बेटा, तेरी मूंछ के बाल घास के भाव बिकते हैं। यह तो ठाकुर सा की मूंछ का बाल है। मूंछ-मूंछ का बड़ा ही अंतर होता है।"

बनिया मुंह लटका कर सेठ को देखता रहा।

अपना-अपना बदला

एक गांव था। उस गांव में दो कुत्ते रहते थे। उन कुत्तों की गंगास्नान करने की बड़ी इच्छा थी। वे दोनों इस पर विचार-विमर्श भी किया करते थे। पर गंगा नदी उस गांव से बहुत दूर थी। वे दोनों रास्ता भी नहीं जानते थे। आख़िर उन दोनों ने यह निश्चय किया कि उन्हें इस शुभ यात्रा पर चल देना चाहिए।

एक दिन वे दोनों कुत्ते गंगा की ओर चल पड़े। चलते-चलते रात हो गई। वे एक वृक्ष के नीचे सो गए। थके होने के कारण उन्हें नींद आ गई। दोनों कुत्तों का रंग अलग-अलग था। एक था काला और दूसरा था गोरा। एक कालिया और दूसरा गोरिया।

सुबह होते ही वे फिर अपनी यात्रा पर चल पड़े। एक गांव के पास पहुंचते-पहुंचते उन्हें भूख लगी। वहां उन्हें चूहे दिखाई पड़े।

गोरिया की पूंछ खड़ी हो गई। उसने काले से कहा, ''क्यों गंडक जी, आप फरमावो तो मैं इन दो-चार चूहों की चटनी बना दूं। बस एक झटके में ये राम नाम सत हो जाएंगे।''

कालिए ने गर्दन हिलाकर कहा, "नहीं भाई गोरिया जी ! आप तीर्थ करने चले हैं। तीर्थ-यात्रा में किसी की हत्या करना महापाप है। सो आप तो कोई दूजा उपाय बताओ, जिसमें कोई जीव-हत्या न हो।"

दोनों कुत्ते एक चौराहे पर रुक गए। वहां एक मंदिर भी था। कुछ देर सुस्ताने के बाद दोनों ने तय किया कि अलग-अलग दिशा की ओर उन्हें चलना चाहिए। जिसको जो भी मिलेगा, खा लेंगे। एक साथ चलने पर दोनों का पेट नहीं भरेगा।

दोनों कुत्ते अलग-अलग दिशा में चल पड़े। चलने के पहले उन्होंने तय कर लिया कि वे वापस इसी स्थान पर मिलेंगे।

गोरिया कुत्ता चलते-चलते एक गांव में पहुंचा। गांव में एक ब्राह्मण का घर था। वह ब्राह्मण पाठ-पूजा करके भोजन करने को तैयार ही हुआ था और उसकी बहू ने थाल सजाकर रखा था।

ब्राह्मण ने 'हरे राम' कहकर भगवान को भोग लगाया ही था, कि गोरिये कुत्ते ने झट से उसकी थाली में मुंह डाल दिया। वह एक रोटी उठाकर भागा। ब्राह्मण ने फिर 'हरे राम, हरे राम' कहा। वह हाथ धोकर उठ गया। "बेचारे ये गंडक जी भी भूखे हैं सा, आप यह थाली इन्हें ही खिला दीजिए।"

पत्नी गुस्से से बोली, "बाप जी, आप यह क्या फ़रमा रहे हैं? इस गंडक जी को यह थाली? आप ही कहिए सा, इसमें कित्ते चोखे-चोखे पकवान हैं। खीर, पूड़ियां, चार तरह की सब्ज़ियां, दो अचार।"

ब्राह्मण ने दयाभाव से कहा, "आप ठीक कहती हैं, पर ये भी भूखे ही होंगे। आप तो यह थाली इन्हें ही दे दें। सोच लीजिए कि यह इनके भाग्य में बंधी थी।"

इसके बाद ब्राह्मण ने गोरे कुत्ते को खूब पेट भरकर भोजन कराया। कुत्ते ने उसे बड़ी आशीष दी।

उधर कालिया कुत्ता एक जाट के यहां पहुंचा। जाट अपने खेत में काम कर रहा था। उसकी बहू भाता लाकर रख गई। भाते में बाजरे की रोटियां और सांगरियों का साग था। खेत का काम पूरा करके वह गट्ठरी खोलकर खाना खाने के लिए तैयार हुआ ही था कि कालिया ने तुरंत ही उसके भोजन में मुंह डाला। थोड़ी-सी रोटी का टुकड़ा वह तोड़कर भागा।

जाट एकदम गुस्से में भर गया। उसकी आंखें अंगारों की तरह लाल-लाल हो गईं। भवें तन गईं। उसने अपनी लाठी उठाई। गाली के साथ उसने लाठी का इतने ज़ोर से वार किया कि कुत्ते की कमर टूट गई। कुत्ता पीड़ा से चिल्लाने लगा। कमर टूट जाने के कारण कुत्ता भाग नहीं सका। इस बीच उसकी कमर पर दो-तीन लाठियां और पड़ीं। कालिया अधमरा हो गया।

चौराहे पर गोरिया कुत्ता खा-पीकर मस्त पड़ा था। वह आंखें फाड़-फाड़कर अपने साथी का इन्तज़ार करने लगा। उसका साथी उसे कहीं भी दिखाई नहीं पड़ा। वह लाचार व उदास होकर चौराहे पर बैठ गया।

थोड़ी देर में उसे कालिया दिखाई पड़ा। वह लपककर उसकी ओर भागा। उसकी कमर टूटी हुई देखकर वह दुख से भर गया। पूछ बैठा, "भाई गंडक जी, आपके साथ ऐसी घात

किसने की? कौन निष्ठुर पापी है जिसने दो रोटी के टुकड़ों के पीछे आपकी कमर तोड़ डाली?"

कालिया की आंखें भर आईं। उसने पीड़ा से कराहते हुए सारी दुखभरी कथा सुनाई। कथा सुनाकर वह क्रोध व दुःख में डूबकर बोला, "मैं उससे अपना बदला लूंगा। उस जाट को बताऊंगा कि खुद की कमर कैसे टूटती है।"

गोरिया भी कृतज्ञ हो उठा। लम्बा सांस लेकर वह बोला, "मुझे भी उस ब्राह्मण का कर्ज़ चुकाना है। उसने मुझ पर कितनी बड़ी कृपा की है। मैं तो अपने रोम-रोम से उसे आशीष देता हूं।"

इस प्रकार वे दोनों कुत्ते बातचीत करते रहे। अंत में उन दोनों ने यह निश्चय किया कि हमें अपने प्राण त्याग देने चाहिए। प्राण त्यागकर उनके घरों में जन्म लेना चाहिए।

संयोगवश न जाट के बेटा था और न ब्राह्मण के। दोनों कुत्ते इस निर्णय से संतुष्ट थे। दोनों उस मंदिर के आगे गए और वहां प्राण छोड़ दिए। दोनों एक पल में मर गए।

कालिया कुत्ते ने जाट के घर जन्म लिया। जाट बहुत ही प्रसन्न हुआ। उसकी प्रसन्नता दूसरे ही पल लुप्त हो गई। घर में इस पूत के पैदा होते ही उसके बैल मर गए। पत्नी बीमार रहने लगी। लड़के के पहले जन्मदिन पर उसके हरे-भरे खेतों में टिड्डियां आ गईं और सारे खेत को चट कर गईं।

उधर ब्राह्मण के घर भी पुत्र पैदा हुआ। पुत्र पैदा होते ही राज्य दरबार में ब्राह्मण की पदवी ऊंची हो गई। ब्राह्मण

ने राजा को एक युद्ध में जीत की बात बताई। राजा युद्ध जीत गया। इससे प्रसन्न होकर राजा ने ब्राह्मण को राजपंडित नियुक्त कर दिया। उसे एक महल और अपार धन भेंट किया। ज्यों-ज्यों ब्राह्मण का बेटा बड़ा होता गया, त्यों-त्यों वह भी बाप की तरह तेजस्वी निकलता गया। उसने छोटी उम्र में सारे शास्त्रों का अध्ययन कर लिया। वह बड़े-बड़े पंडितों को शास्त्रार्थ में हरा देता था। इससे ब्राह्मण की कीर्ति में चार चांद लग गए।

जाट का बेटा धुंधकारी निकला। वह बात-बात पर अपने बाप को डांटता था। उसे गालियां बकता था। वह जुआ खेलकर बचे-खुचे धन को उड़ाने लगा। जाट बहुत ही दुःखी हुआ। उसने अंत में सोचा कि इसको सुधारने का कोई उपाय करना चाहिए। इस तरह विचार करते हुए वह एक बुद्धिमान आदमी के पास गया। वहां जाकर उसने अपनी समस्या रखी।

बुद्धिमान आदमी ने कहा, "आप इसकी शादी कर दें। शादी की नकेल अच्छे-अच्छे युवकों को बांध देती है।"

जाट ने तुरंत अपने लड़के की शादी करने की सोची। वह लड़की को खोजने लगा।

ब्राह्मण का विचार भी अपने लड़के का ब्याह करने का हुआ। एक सुकन्या से उसका विवाह हो गया। उसके बेटे की बहू भी सुशिक्षित थी। शिष्ट और मधुरभाषिणी थी। उसने आते ही अपने घर को स्वर्ग बना दिया।

जाट ने भी अपने बेटे का ब्याह कर दिया। सुहागरात के दिन ही उसका बेटा एकाएक चल बसा। उसके बेटे की बहू ने आकर कहा तो वह अचेत हो गया। होश आते ही वह सिर

फोड़-फोड़कर रोने लगा, "हाय मेरी कमर तोड़कर चला गया रे।"

"इस संसार में जो जैसा कर्म करता है, ईश्वर उसे वैसा ही फल देता है।" ब्राह्मण का बेटा उसी गांव में कथा कह रहा था।

खाफरिया चोर

भोज नाम का एक प्रसिद्ध राजा था। उसके राज्य में एक खाफरिया नाम का चोर रहता था। खाफरिया बहुत ही चालाक चोर था। उसने सारी प्रजा को सता रखा था। राजा भोज ने घोषणा की कि यदि वह मेरे सामने आ जाए तो वह उसको माफ़ कर देगा।

खाफरिया चोर ने यह घोषणा सुनी। वह घोड़ों के व्यापारी का भेष बनाकर आया। उसके पास दो सफेद घोड़े थे। उन्हें लेकर वह राजदरबार में गया। खाफरिया ने राजा से कहा, ''इनसे अच्छे घोड़े आपको संसार में नहीं मिलेंगे।''

राजा घोड़े देखकर बहुत ही प्रसन्न हुआ। उसने वे घोड़े रख लिए। जाते समय व्यापारी ने कहा, ''इनकी देख-रेख के लिए मैं अपना आदमी भेज दूंगा।''

राजा ने कहा, ''ठीक है।'' खाफरिया ने पुनः भेष बदला और वह स्वयं राजा की सेवा में आ गया। राजा ने एक बार खाफरिया को अपने सामने आने को कहा और खाफरिया उसके सामने हर रोज़ आने लगा। पर रात के समय खाफरिया चोरी किए बिना नहीं रहता था।

राजा हैरान था। उसने एक बार अपने सबसे चतुर चार

सिपाहियों को नियुक्त किया। खाफरिया राजा के सारे भेष जानता था। वह ज्योतिषी का भेष बनाकर उनके सिपाहियों के घर गया। अपने देश की स्त्रियां भोली होती ही हैं। उन्होंने घर आए ज्योतिषी को हाथ दिखाने शुरू किए। खाफरिया चोर ने चारों स्त्रियों को बताया, "आज रात तुम्हारे घर खाफरिया चोर आएगा। वह साधु के भेष में होगा। तुम उसे पत्थरों से मारना। घर में किसी भी सूरत में मत घुसने देना। वह यह भी कहेगा कि 'मैं तुम्हारा पति हूं', पर तुम उसकी एक भी मत सुनना।"

स्त्रियों को अपना पाठ पढ़ाकर अब खाफरिया अपने घर आया। वैसे वह राजा का नौकर था। भला राजा के नौकर पर कौन शक करे? उसने उसी रात एक गली में पकौड़ी बनाने की दुकान खोली। कड़ाके की ठंड थी। चारों सिपाही खाफरिया को खोजते-खोजते खाफरिया की ही दुकान के पास आए। आधी रात को पकौड़ियां बनते देखकर उन चारों के मुंह में पानी भर आया। फिर भी उन सिपाहियों ने जांच-पड़ताल की। खाफरिया ने विनती भरे स्वर में कहा, "बाप जी, मैं गरीब आदमी हूं। रात को पकौड़ियां बनाता हूं। महंगी बेचता हूं। आप तो जानते हैं कि कभी-कभी बाहर के व्यापारी आते-जाते हैं। आप भी चखकर देखिए। ये पकौड़ियां बहुत ही स्वादिष्ट हैं।"

सिपाही पकौड़ियों का लालच नहीं छोड़ सके। पकौड़ियां थीं नशीली। उन्होंने जमकर नशीली पकौड़ियां खाईं। थोड़ी देर में उन्हें नींद आ गई।

अब खाफरिया ने तुरंत उनके कपड़े उतार लिए। उनके शरीर और बालों पर राख मल दी और उनके कपड़े लेकर

नौ-दो ग्यारह हो गया।

जब सिपाहियों की आंख खुली तब उन्होंने असलियत जानी। वे लोग सीधे अपने घर की ओर लुकते-छिपते गए। खाफरिया ने उन सबकी स्त्रियों को पहले ही समझा रखा था। उन्होंने झांककर देखा तो हैरान हो गईं। राख लगाए साधु खड़े थे। बस, उन्होंने उन पर पत्थर बरसाने शुरू कर दिए। सिपाही मकानों के छज्जों की ओट में छुप गए। सुबह जब सारा रहस्य खुला तो राजा भोज ने उन सिपाहियों को कड़ा दंड दिया।

राजा ने फिर ढिंढोरा पिटवाया कि जो कोई खाफरिया को पकड़कर लाएगा, उसे मैं मुंह-मांगा इनाम दूंगा। इस बार राजा भोज का प्रधानमंत्री उसे पकड़ने के लिए तैयार हुआ। खाफरिया को इसकी ख़बर लग गई। उसने उसी रात एक बुढ़िया का भेष बनाया। एक जंगल में बनी झोंपड़ी में वह जाकर चक्की में चना दलने लगा। आधी रात को चक्की की आवाज़ सुनकर मंत्री उधर लपका। उसने देखा कि एक बुढ़िया चने दल रही है। प्रधानमंत्री ने पूछा तो बुढ़िया बना खाफरिया चोर बोला, "अन्नदाता, मैं एकदम डोकरी हूं। मुझसे अधिक काम नहीं होता। इस वास्ते मैं आधी रात खाफरिया चोर के घोड़े का दाना दलती हूं। वह अभी आएगा और मुझे दो रुपये दे जाएगा। सच कहती हूं अन्नदाता, वह बड़ा दयालु है।"

प्रधानमंत्री को बुढ़िया की बात पर विश्वास नहीं हुआ। उसने दुबारा पूछा, "आप क्या फ़रमा रही हैं। मां सा सच-सच कहिएगा।"

"मैं झूठ क्यों बोलूंगी?"

प्रधानमंत्री ने अपना परिचय दिया। कहा, "यदि आप उसे पकड़वा दें तो मैं आपको मालामाल कर दूंगा।"

"फिर आप अपने घोड़े को ज़रा दूर बांध आइएगा। आप अपने कपड़े खोलकर मेरे कपड़े पहन लीजिएगा। वह जैसे ही दाना लेने के लिए हाथ बढ़ाए, आप उसे पकड़ लीजिए।"

प्रधानमंत्री ने सोचा, 'इस बार मुर्ग़ी हाथ में आ ही गई।'

वह बुढ़िया का भेष बनाकर चने दलने लगा। खाफरिया उसका घोड़ा और कपड़े लेकर अंधेरे में ग़ायब हो गया। जब भोर होने लगी तब प्रधानमंत्री को अपनी ग़लती का एहसास हुआ। वह मुंह छुपाता हुआ अपने घर गया। राजा भोज ने प्रधानमंत्री को उसके पद से अलग कर दिया।

अब राजा ने स्वयं ही खाफरिया को पकड़ने का निश्चय किया। उसने खाफरिया को बुलाकर कहा कि आज घोड़े को खूब खिला-पिलाकर तैयार रखो। मैं स्वयं खाफरिया को पकड़ने जाऊंगा।

खाफरिया मुस्कराया।

रात के अंधेरे में राजा भोज घर से बाहर निकले। खाफरिया ने राजा भोज के निजी धोबी का भेष बनाया। नदी के किनारे जाकर बैठ गया। उसने अपने पास एक रुई का पुतला बनाकर भी रख लिया।

घूमते-घूमते राजा नदी के घाट तक पहुंचा। खाफरिया कपड़े धोने लगा। राजा ने धोबी को आधी रात में कपड़े धोते देखकर पूछा, "इस समय कपड़े क्यों धो रहे हो?"

खाफरिया ने कोमल स्वर में उत्तर दिया, "अन्नदाता, आपके कपड़े मूल्यवान और अति सुन्दर हैं। यदि दिन में कोई चुरा ले और नज़र लगा दे तो अन्नदाता, आपकी कितनी बड़ी

हानि हो सकती है ?"

धोबी की स्वामिभक्ति पर राजा बहुत ही प्रसन्न हुआ। तभी खाफरिया ने अरज़ की, "अन्नदाता, आप आज आधी रात को कैसे पधारे?"

"मुझे खाफरिया की तलाश है।"

खाफरिया हाथ जोड़कर बोला, "वह बदमाश खाफरिया! अन्नदाता, वह सदा आधी रात को आता है और मुझसे अपने पांवों की मैल धुलवाता है। आप जैसे ही हमारी बातचीत सुनें, वैसे ही उसे आकर पकड़ लीजिएगा।"

राजा भोज अपने घोड़े को एक पेड़ से बांधकर स्वयं अंधेरे में छुप गया। चंद्रमा ढल गया था। इससे नदी के किनारे थोड़ा-सा अंधेरा छा गया था।

थोड़ी देर बाद खाफरिया ने ऊंचे स्वर में कहा, "आइए खाफरिया जी, आइए, क्या हुक्म फरमावो सा?"

राजा ने सोचा कि खाफरिया आ गया है। सो वह सावधान हो गया। अब खाफरिया ने आवाज़ बदलकर कहा, "तुम्हारे राजा के क्या हाल-चाल हैं? मैंने सुना है कि वह मुझे पकड़ने की ताबड़तोड़ कोशिश कर रहा है। पर मैं उनके हाथ तभी आ सकता हूं जब यह हवा हाथ में आ जाए।"

राजा गुस्से में भरकर उछला। गरज कर बोला, "अभी बताता हूं तुझे, नीच।" खाफरिया ने पलक झपकते ही उस पुतले को पानी में फेंका। राजा ने समझा कि चोर पानी में कूद गया है, सो वह भी पानी में कूद गया और तेज़ी से तैरना आरंभ किया। आख़िर में उसने उसे पकड़ लिया। पुतले को देखकर राजा भोज शर्म से पानी-पानी हो गए।

दूसरे दिन उन्होंने घोषणा की, "यदि कोई भी खाफरिया

को पकड़कर लाएगा, उसे मैं अपना आधा राज्य दे दूंगा।'

नौकर बना खाफरिया राजा भोज के सामने पहुंचा। उसने कहा कि यदि उसके सात गुनाह माफ़ किए जाएं तो खाफरिया को पकड़कर ला सकता है। पहले तो राजा को विश्वास ही नहीं हुआ, बाद में राजा ने उसे आज्ञा दे दी। माफ़ीनामा मिलते ही खाफरिया ने अपने-आपको प्रकट कर दिया। सारे प्रमाण भी लाकर दे दिए। नवलखा हार, सिपाहियों व प्रधानमंत्री के कपड़े, वेश्या के गहने और राजा का घोड़ा। राजा भोज उस पर बहुत ही प्रसन्न हुआ। राजा ने उसे आधा राज्य देना चाहा उसने नहीं लिया। तब राजा ने चोर खाफरिया को अपने ख़ज़ाने का कोषाध्यक्ष बना दिया।

•••